Britta Müller

Cocktailkultur

Geschichte und Geschichten

GRIN Verlag

Bibliografische Information der Deutschen Nationalbibliothek:

Die Deutsche Bibliothek verzeichnet diese Publikation in der Deutschen National-
bibliografie; detaillierte bibliografische Daten sind im Internet über http://dnb.d-
nb.de/ abrufbar.

Impressum:

Copyright © 2008 GRIN Verlag GmbH
Druck und Bindung: Books on Demand GmbH, Norderstedt Germany
ISBN: 978-3-640-13478-6

Dieses Buch bei GRIN:

http://www.grin.com/de/e-book/113059/cocktailkultur

GRIN - Your knowledge has value

Der GRIN Verlag publiziert seit 1998 wissenschaftliche Arbeiten von Studenten, Hochschullehrern und anderen Akademikern als eBook und gedrucktes Buch. Die Verlagswebsite www.grin.com ist die ideale Plattform zur Veröffentlichung von Hausarbeiten, Abschlussarbeiten, wissenschaftlichen Aufsätzen, Dissertationen und Fachbüchern.

Besuchen Sie uns im Internet:

http://www.grin.com/

http://www.facebook.com/grincom

http://www.twitter.com/grin_com

Cocktailkultur

Geschichte und Geschichten

von

Britta Müller

Inhaltsverzeichnis

I. Enführung 3

II. Ausarbeitung 3

   1. Bargeschichte 3

   2. Geschichte des Cocktails 5

      a. Sagen und Gerüchte 5

      b. Fakten 7

         aa. Die Anfänge 7

         bb. Prohibition 8

         cc. In Europa 9

         dd. Die Fünfziger 9

         ee. Der Cocktail kommt in die Hausbar 11

         ff. Die Neuentdeckung des Cocktails in den 80ern 12

III. Cocktails heute 13

Literaturverzeichnis 14

I. Enführung

Cocktails und Bars sind aus unserer Kultur wohl kaum mehr weg zu denken. Bars sind der Ort, an dem man sich trifft, zu bestimmten Anlässen oder aus reinem Vergnügen. Ob nun eine „American Bar", eine „karibische Bar", eine „Classic Bar" oder auch die eigene Hausbar der Ort der geselligen Runde oder des intimen Zwiegesprächs mit dem Barkeeper ist, ist nur eine Geschmacksfrage. Wie sich der Cocktail und die Bar seit ihren Anfängen im 19. Jahrhundert bis heute gewandelt haben, gilt es nun heraus zu arbeiten.

II. Ausarbeitung

1. Bargeschichte

Das Lokal oder die Bar haben ihren Ursprung im europäischen Mittelalter. Sie waren kaum von einem privaten Haushalt zu unterscheiden. „Ja, sie beginnen als private Haushalte, die lediglich ihre Überschüsse (an Zimmern, an Speisen, an Getränken) Fremden gegen Bezahlung zugänglich machen[1]."

Abb. aus Schivelbusch, 1980, S. 204

Durch diesen kommerziellen Aspekt beginnt sich langsam das Bild der Gaststube zu prägen. „An der Entwicklung des Innenraums der Kneipe kann man ablesen, wie ein zunächst noch weitgehend privater Raum allmählich den Forderungen des kommerziellen Ausschanks gemäß umgestaltet wird. Diese Umgestaltung des Raumes vollzieht sich um das Zentrum der Kneipe, den Tresen[2]." „ Um 1800 hat sich

---

[1] Schivelbusch, Wolfgang, „Das Paradies, der Geschmack und die Vernunft", 1980, S. 205.
[2] Schivelbusch, Wolfgang, „Das Paradies, der Geschmack und die Vernunft", 1980, S. 205.

die Gaststube von den Privaträumen des Gastwirts emanzipiert. Sie ist Geschäftsraum geworden, in dem die Kundschaft bedient wird[3]."

Während sich in Europa das Lokal, die Kneipe, die Bar aus der Küche des Privathaushaltes entwickelt hat, hat die amerikanische Bar ihren Ursprung wohl eher im Kaufladen. „Eine Bar ist ein Lokal, in dem hauptsächlich Getränke an einem auch Bar (*englischer Ausdruck, der u.a. Theke bedeutet*) genannten Schanktisch ausgeschenkt werden. Das Wort Bar kommt von dem Wort Barriere, die bei der Besiedelung Amerikas die Getränkevorräte schützte und die Möglichkeit des Verkaufs gab[4]." „Zu Beginn des 19. Jahrhunderts hält der Ladentisch in England seinen Einzug in die Gatstube. Er wird zum Tresen, oder wie es im angloamerikanischen Bereich heißt, zur Bar[5]."
Für die ersten Einwanderer Amerikas war der selbst gebrannte Roggenwhisky das allgemeine Verständigungsgetränk der schweren Pionierzeit. Die kleinen Handelsgeschäfte in den Siedlerorten, die „Drugstores", kauften das Feuerwasser von Brennern und hielten es für den Ausschank bereit. Nicht selten kam es zu Auseinandersetzungen zwischen den Pionieren. Um eine „Barriere" zwischen den Waren und der Menge zu schaffen, wurde von den Besitzern der Läden ein Balken quer gelegt. „Bereits um die Jahrhundertwende war die American Bar ein fester Bestandteil im amerikanischen Gesellschaftsleben. Die Importwege aus „Old Europe" funktionierten, vielerlei Spirituosen kamen ins Land, und damit stand der amerikanischen Genuss- und Experimentierfreude nichts mehr im Wege. Es wurden unzählige Cocktails erfunden, von denen viele als Eintagsfliegen starben, manche jedoch weltbekannt wurden[6]."

„Mit der Zeit verfeinerten sich die primitiven Schenken der Siedlerzeit. In den Städten verlegte man die Bar aus dem Laden in einen eigenen Saloon. Die „american bar" war geboren[7]." Um 1850 wurden die ersten Großhotels in Europa gebaut, in welchen auch kleinere Bars betrieben wurden. Es wurden Gasträume gebaut, in welchen man auf hohen Hockern an der Theke saß, um sich mit dem Barmann zu unterhalten oder ihm bei der Arbeit zuzusehen.

---

[3] Schivelbusch, Wolfgang, „Das Paradies, der Geschmack und die Vernunft", 1980, S. 205.
[4] http://de.wikipedia.org/wiki/Bar_%28Lokal%29.
[5] Schivelbusch, Wolfgang, „Das Paradies, der Geschmack und die Vernunft", 1980, S. 206.
[6] http://de.wikipedia.org/wiki/Cocktail.
[7] http://www.flying-bartenders.ch/sites/barstories/geschichte.shtml.

Heute sind die meisten Bars nur abends und nachts geöffnet, einige aber auch tagsüber. Je nach Ausrichtung wird Bier und eine einfache Auswahl an Modegetränken oder auch eine große Vielfalt an Cocktails angeboten. Eine Bar ist ein beliebter Treffpunkt, sei es in Hotels oder als Ausgehziel in der Stadt. Gerade bei zweitgenannter Form wird meist viel Wert auf die gespielte Musik gelegt, die Grenzen zur Diskothek und Nachtclub sind fließend.

2. Geschichte des Cocktails

Die Geschichte des Cocktails ist kaum zu trennen von den Geschichten über den Cocktail. Es gibt einige Tatsachen, die auch als solche genommen werden können. Jedoch finden sich auch einige Sagen und Anekdoten, genauso, wie es ja auch zum Cocktail passt. Um das eine vom anderen unterscheiden zu können, beginne ich hier mit den Anekdoten.

a. Sagen und Gerüchte

Es existieren verschiedene Gerüchte und Theorien über den Ursprung der Bezeichnung Cocktail für ein alkoholisches Mixgetränk. Übersetzt heißt es „Hahnenschwanz". Daher wird im Allgemeinen wohl auch behauptet, dass der erste Cocktail nach einem Hahnenkampf in Amerika gemixt wurde. „Die noch heute in Mexiko, Südamerika und auf einigen Südseeinseln beliebten, jedoch offiziell verbotenen Hahnenkämpfe waren zur Zeit der ersten Einwanderer Amerikas ein besonders in den Südstaaten stattfindendes Unterhaltungsspiel[8]." „Nach beendetem Kampf hatte der Besitzer des Siegerhahnes das Recht, dem getöteten Hahn die bunten Schwanzfedern auszureißen[9]." „Natürlich musste der Sieg entsprechend gefeiert werden. Man trank, wie die Geschichte sagt, „on the cock's tail". Später wurden die gereichten Getränke kurz Cocktails genannt[10]." So die erste Theorie.

Eine weitere Anekdote besagt, dass Betsy Flanagan, eine Soldatenwitwe, 1776 eine Gaststätte in New York unterhielt, die hauptsächlich von französischen Offizieren besucht wurde. „Diese liebten es, Betsy mit einem Engländer zu necken, der in der Nachbarschaft Hühner züchtete. Als Betsy eines Tages vom Gerede genug hatte, ging sie kurzerhand zur Hühnerfarm des Nachbarn und riss den Hähnen die

---

[8] http://www.flying-bartenders.ch/sites/barstories/cocktails.shtml.
[9] http://de.wikipedia.org/wiki/Cocktail.
[10] http://www.flying-bartenders.ch/sites/barstories/cocktails.shtml.

Schwanzfedern aus. Den französischen Offizieren servierte sie darauf ein Mixgetränk, das sie, um dem Gerede über angebliche Sympathie zum Engländer nun endgültig ein Ende zu bereiten, mit den farbenprächtigen Federn dekorierte. Ein französischer Offizier rief darauf aus: „Vive le coq's tail!" Seither werden die Mixgetränke Cocktails genannt[11]."

Ebenfalls wird oft erzählt, dass „der Besitzer einer kleinen Gaststätte irgendwo in den Südstaaten seiner hübschen Tochter Bessie nicht erlauben wollte, einen Offizier, den sie liebte, zu heiraten. Als eines Tages sein bester Kampfhahn verschwunden war, versprach er demjenigen, der ihm den Hahn lebend zurückbringen würde, seine hübsche Tochter Bessie zur Frau. Es ergab sich, dass der Offizier den Hahn fand. Er brachte ihn unversehrt zum Wirt und durfte Bessie heiraten. Bessie war so aufgeregt über den glücklichen Zufall, dass sie verschiedene Getränke ihres Vaters in ein Glas schüttete und den Gästen servierte. Die Gäste waren jedoch begeistert von diesem Gemisch und tauften es Cocktail. Der Offizier führte den Cocktail bei seinen Kameraden ein, und es dauerte nicht lange, bis der das Getränk in jeder Wirtschaft bekannt war[12]."

Eine weitere mögliche Erklärung des Namens sind jene Cocktails, die nicht gemixt werden, sondern aus übereinander geschichteten, verschiedenfarbigen Likören bestehen. „Die unterschiedlichen Dichten, die durch verschiedene Zucker- und Alkohol-Konzentrationen entstehen, bewirken bei vorsichtigem Eingießen eine stabile Schichtung. Diese verschieden gefärbten Schichten ähneln, von der Seite betrachtet, einem bunten Hahnenschwanz[13]."

[11] http://www.flying-bartenders.ch/sites/barstories/cocktails.shtml.
[12] http://www.flying-bartenders.ch/sites/barstories/cocktails.shtml.
[13] http://de.wikipedia.org/wiki/Cocktail.

Abb. Roth; Bernasconi, 1999, S.127

Es ranken sich so viele Geschichten um die Entstehung der Bezeichnung Cocktail, dass hier alle aufzuzählen, den Rahmen dieser Arbeit sprengen würde. Leider ist die tatsächliche Wortherkunft nicht mehr aufzuklären.

b. Fakten

aa. Die Anfänge

„Der erste Cocktail im heutigen Sinne wurde wohl im 16. Jahrhundert gemixt, und viele Cocktail-Klassiker sind deutlich älter, als man gemeinhin annimmt14." Der Bourbon – Drink Old Fashioned beispielsweise wurde Ende des 18. Jahrhunderts kreiert. „Das Wort „Cocktail" verwendete man bereits 1809 in den Vereinigten Staaten15." Ursprünglich mixte man Drinks wohl wegen der allzu herben Schnäpse. Das damals in Nordamerika zur Verfügung stehende Spirituosenangebot beschränkte sich fast ausschließlich auf den einheimischen Whiskey. „Dieser wies aber nicht die Qualität der heutigen Erzeugnisse auf. Die Whiskeys von damals waren harte, hochprozentige – und meistens ungelagerte – Kornschnäpse, deren purer Genuss nicht jedem zusagte. Daher versuchte man durch das Süßen mit

---

[14] Baker, Alex, „1001 Cocktails", S. 9.
[15] Baker, Alex, „1001 Cocktails", S. 9.

Zucker und Honig oder die Zugabe von aromatischen Ingredienzien und Früchten den Genuss erträglicher zu machen16."

bb. Prohibition

Ironischerweise trägt die Prohibition in Amerika, die am 16. Januar 1920 beginnt und schließlich 1933 von Theodor Roosevelt beendet wird, wesentlich zur Entwicklung der Cocktailkultur bei. Es galt die 18. Ergänzung der US-Verfassung, der Volstead Act. „Er besagte kurz und knapp: Alkoholika dürfen weder produziert, noch importiert, weder gehandelt, noch getrunken werden. Daraus resultierte, dass in den USA wesentlich mehr getrunken wurde als vorher, das US-Gangstertum nahm sich des Alkoholgeschäfts an, überall wurde schwarz gebrannt und heimlich getrunken[17]." „Illegal hergestellte Alkoholika schmeckten aber oft wie Gift – und hatten manchmal auch die gleiche Wirkung – weshalb sie mit Säften und anderen Geschmacksverstärkern gemischt werden mussten[18]."

Aus der Prohibition resultierte ein unaufhaltsamer Niedergang der New Yorker Bars in den 20er Jahren. Viele Barkeeper sahen sich gezwungen, nach Europa auszuwandern, worauf ich später noch mal zu sprechen komme. Doch zur selben Zeit entstand eine ganze Reihe von Untergrundbars, die so genannten „Speakeasies". „Speakeasies waren nicht leicht zu finden: Wer konnte sich etwa vorstellen, dass sich in einer Telefonzelle eine weitere Tür befand, die einem den Zutritt ins versteckte Cocktailparadies ermöglichte[19]."

Ganze Wirtschaftszweige hatten unter der Prohibition erhebliche Einbußen zu verbuchen. „So wurde die Wirtschaft der Madeira Inseln vollständig ruiniert, die über Jahrhunderte vom Export ihrer Weine in die USA abhängig gewesen war. Agenten des FBI und der Küstenwache haben jedes Jahr 75 000 Menschen festgenommen, die gegen den „Volstead Act" verstoßen hatten – Verstöße übrigens, die offen begangen wurden[20]." Am Ende hat nur die Mafia an der Prohibition ein gigantisches Vermögen verdient.

---

[16] http://de.wikipedia.org/wiki/Cocktail.
[17] Haenchen, Helmuth; Saure, Henning, „Menu – Getränke von A-Z", 1975, S. 261.
[18] Baker, Alex, „1001 Cocktails", S. 9.
[19] Roth, Peter; Bernasconi, Carlo, „ Das Jahrhundert-Mixbuch", 1999, S. 79.
[20] Roth, Peter; Bernasconi, Carlo, „ Das Jahrhundert-Mixbuch", 1999, S. 84.

Barkeeper schifften sich gleich dutzendweise nach London und Paris ein. „Paris wird zur Metropole des Cocktails in diesen swingenden Zwanzigern. Auch wenn es doch eine ganze Weile gedauert hat, bis die Franzosen von ihren Weinen und vom Champagner ablassen konnten[21]." Es entstand die wohl heute noch berühmteste Bar von Paris: Die New York Bar. Sie wurde vom Pferdejockey Tod Sloan gegründet, der mit einem Herrn namens Clancey geschäftlich verbunden war. Dieser besaß in New York eine Bar, deren Interieur er noch vor der „Trockenlegung" der USA nach Europa transportieren ließ. Die beiden Besitzer engagierten den Barman Harry Mac Elhone, der das Lokal dann übernahm und sie mit dem Zusatz Harry´s versah.

cc. In Europa

„Harry´s New York Bar wurde zu einem der wichtigsten Etablissements für die Entwicklung der Cocktailgeschichte des Jahrzehnts[22]." Sie ist die Geburtsstätte von gleich vier Cocktailklassikern. Der „Bloody Mary" von 1921, „Harry´s Pick-me-up" von 1925, der „French 75" von 1925 und der „White Lady" von 1929.

Bevor sich in Deutschland – und hier fast ausschließlich in Hotels – eine Entwicklung zum Cocktail anbahnen konnte, unterbrach der Erste Weltkrieg dieses Vorhaben. Die darauf folgenden schlechten Zeiten, die spätere Isolation von den Weltmärkten und der Zweite Weltkrieg zerstörten die zaghaften Versuche der 1930er Jahre. „So erfuhr erst in den späten 1950er Jahren der Cocktail in Deutschland einen Stellenwert, den er in den Großstädten der USA sowie in London und Paris längst hatte. Ab den 1970er Jahren war dann der Durchbruch geschafft. Neben den Hotelbars hielt auch die American Bar in Deutschland Einzug. Dazu trug das dieser Zeit rasant wachsende Angebot an internationalen Getränken bei. Doch auch der Tourismus brachte viele neue Impulse, und der gestiegene Freizeitwert schuf die Nachfrage[23]."

dd. Die Fünfziger

Nach dem Ende des zweiten Weltkrieges feierte der Wodka einen unaufhaltsamen Siegeszug in der amerikanischen Cocktailwelt. Bis dahin war es der Gin, der in fast keinem Rezept fehlen durfte. Doch dann war es ausgerechnet die Spirituose des Klassenfeinds Russland, die sich großer Beliebtheit erfreuen konnte. Doch der

---

[21] Roth, Peter; Bernasconi, Carlo, „ Das Jahrhundert-Mixbuch", 1999, S. 87.
[22] Roth, Peter; Bernasconi, Carlo, „ Das Jahrhundert-Mixbuch", 1999, S. 90.
[23] http://de.wikipedia.org/wiki/Cocktail.

Eiserne Vorhang wirkte in den Köpfen der Amerikaner „als geistige Sperre gegen den Wodka. Während des Koreakriegs zeigte sich eine Menge protestierender Bartender in New Yorks Straßen, die „mit ihren Transparenten dokumentierten (...), auch ohne Moscow Mule in ihren Bars leben zu können[24]." Dies veranlasste die betroffene Firma Smirnoff sofort zur Darstellung, der in den USA getrunkene Wodka käme keinesfalls aus dem „Reich des Bösen", sondern das Destillat stamme von einheimischen Korn[25]." Darauf hin beruhigten die Massen sich wieder.

James Bond ist die Filmfigur der Fünfziger schlechthin. Sein „Dry Martini", begleitet von den drei Worten, „geschüttelt, nicht gerührt" wird zur Legende und ist auch heute noch in aller Munde. Nicht zuletzt auch deshalb, weil in jedem Bond-Film mindestens einmal dieser Cocktail inklusive der drei Worte bestellt wird. „Er ließ seinen James Bond eine kulturelle Debatte lostreten, die noch heute nicht beendet ist: Während der klassische Martini lediglich im Mixglas gerührt wird, bestand Bond darauf, dass die Zutaten im Shaker geschüttelt werden und nicht ins übliche Martiniglas abgeseiht werden, sondern in einen Champagnerkelch. Zu guter Letzt kommt nicht eine Olive ins Glas, bewahre, sondern ein Stück Zitronenzeste[26]."

---

[24] Roth, Peter; Bernasconi, Carlo, „ Das Jahrhundert-Mixbuch", 1999, S. 175.
[25] Roth, Peter; Bernasconi, Carlo, „ Das Jahrhundert-Mixbuch", 1999, S. 174.
[26] Roth, Peter; Bernasconi, Carlo, „ Das Jahrhundert-Mixbuch", 1999, S. 178.

Abb. aus Roth; Bernasconi, 1999, S.177   Sean Connery als James Bond

ee. Der Cocktail kommt in die Hausbar

In den Sechzigern kam in Deutschland die Hausbar groß in Mode und in keiner durfte der Cocktail fehlen. „Das Land ist groß und die nach wie vor prosperierende Wirtschaft gibt Arbeit in Hülle und Fülle und den Verdienst gleich dazu[27]." Wer neu baut, der baut groß genug. „Mit mehr Platz im Untergeschoss kommt auch die Idee des Partyraums endlich zur Ausführung[28]." „America is beautiful und die in der Bundesrepublik lebenden GI´s haben den Deutschen nicht nur die Umgangsformen der Demokratie beigebracht, sondern ihnen auch ihre Lebensart ganz sanft untergejubelt[29]." Cocktailparties werden gegeben und Frank Sinatra wird dazu aufgelegt. Doch der Trend zum Cocktail findet sein jähes Ende mit der Generation der ´68er und ihrem Protest gegen das „Establishment". „Cocktails gehören zu den Errungenschaften der Bourgeoisie. Sie haben keinen Bestand mehr in der Kultur

---

[27] Roth, Peter; Bernasconi, Carlo, „ Das Jahrhundert-Mixbuch", 1999, S. 206.
[28] Roth, Peter; Bernasconi, Carlo, „ Das Jahrhundert-Mixbuch", 1999, S. 206.
[29] Roth, Peter; Bernasconi, Carlo, „ Das Jahrhundert-Mixbuch", 1999, S. 208.

einer Jugend die ihre Rebellion bis in alle Einzelheiten des Alltags durchzieht und nichts auslässt, was die „Alten" so gelobt haben[30]."

ff. Die Neuentdeckung des Cocktails in den 80ern

Die Achtziger werden wirtschaftlich zu den Tempojahren. Jeder versucht, das schnelle Geld zu machen. „Eine neue Gruppe von Menschen bevölkert die Innenstädte mit ihren Finanzzentren in Tokio, Singapur, München, Mailand, Frankfurt, Paris, London und New York (…). Young Urban Professionals, abgekürzt sind sie zum Inbegriff eines besonderen Lebensgefühls geworden: Yuppies[31]." Diese Yuppies haben zwar nicht viel Entscheidendes zur Weiterentwicklung des Cocktails beigetragen, waren aber Vorreiter für das Cocktailrevival in den 90ern, „in ihrer Sucht nach allem Echten, Luxuriösen, Auserwählten – und was anderes soll denn ein Cocktail sein[32]?"In den Achtzigern wurden die Cocktails südamerikanisch. Brasilien wird beliebtes Urlaubsziel, jeder muss zum Karneval in Rio. Das macht sich auch in den Bars bemerkbar. Leichte Sommerdrinks, den Tropicals, aus Cachaça oder Tequila, vermischt mit Limettensaft und Minze wurden gerade von jungen Menschen sehr gut angenommen. Sie spiegeln das Lebensgefühl einer Generation wider, die sich gerne „lässig und weit gereist zeigt. (…) Ein ganzer Kontinent ist zu entdecken, zwar mit nur einer Spirituose, aber einer Vielzahl von Fruchtsäften und –likören, die bis dahin der westlichen Welt verborgen geblieben waren[33]." Und so zog sich der Trend auch weiter bis in die Neunziger hinein. Die Barkeeper hatten eine Vielzahl von Likören und Säften, wie den amerikanischen Cranberriejuce, zur Verfügung, um ihrer Kreativität freien Lauf zu lassen.

---

[30] Roth, Peter; Bernasconi, Carlo, „ Das Jahrhundert-Mixbuch", 1999, S. 240.
[31] Roth, Peter; Bernasconi, Carlo, „ Das Jahrhundert-Mixbuch", 1999, S. 275.
[32] Roth, Peter; Bernasconi, Carlo, „ Das Jahrhundert-Mixbuch", 1999, S. 276.
[33] Roth, Peter; Bernasconi, Carlo, „ Das Jahrhundert-Mixbuch", 1999, S. 278.

III. Cocktails heute

Noch immer gibt es Bars und noch immer trinken die Menschen Cocktails. Mittlerweile gibt es sehr viele kombinierte Gastronomien, die aus einem meist italienisch oder auch mexikanisch ausgerichteten Bistro bestehen und natürlich auch eine üppig ausgestatte Cocktailbar präsentieren. Auch das selber mixen ist durchaus beliebt, das Internet bietet eine Fülle von Rezepten. Immer beliebter werden die „Shooter", kleine Cocktails, nie mehr als 5cl Flüssigkeit, oftmals reiner Alkohol, ohne Zugabe von Säften.

Im Rückblick hat der Cocktail in der gesamten Zeit seiner Existenz viele Wandlungen durchgemacht und auch heute noch ist die Anzahl der Kombinationsmöglichkeiten nach oben hin offen. Er ist aus der westlichen Welt nicht mehr weg zu denken. William Grimes bezeichnet ihn „als größten aller Beiträge an den amerikanischen ´way of life`zur Rettung der Menschheit[34]."

---

[34] Roth, Peter; Bernasconi, Carlo, „ Das Jahrhundert-Mixbuch", 1999, S. 321, zit. n.: Grimes, William, „Straight up or on the rocks – a cultural history of american drink", 1993, S. unbekannt.

Literaturverzeichnis

Baker, Alex
1001 Cocktails
Bath, Parragon Books

Grimes, William
Straight up or on the rocks – a cultural history of american drink
New York 1993, Simon & Schuster

Haenchen, Helmuth; Saure, Henning
Menu – Getränke von A-Z
Hamburg 1975, Orbis – Verlag

Roth, Peter; Bernasconi, Carlo
Das Jahrhundert-Mixbuch
Niedernhausen 1999, Falken

Schivelbusch, Wolfgang
Das Paradies, der Geschmack und die Vernunft – Eine Geschichte der Genußmittel
München, Wien 1980, Hanser Verlag